Angelo Rizzi

Poésies
depuis la ville de Menton

Poesías desde la ciudad de Menton

Image de couverture :
aquarelle de Angelo Rizzi 2016

Ce recueil a obtenu les récompenses littéraires suivantes :

2012 – Mention Spéciale de la Critique au Prix International "Città di Sassari"

2012 – Prix de la Critique du Jury des Lycéens au Prix International "Città di Sassari"

2013 – Prix de la Meilleure Oeuvre en Langue Etrangère au Concours Littéraire "Locanda del Doge"

2014 – Mention Spéciale au Prix "Percorsi Letterari dalle Cinqueterre al Golfo dei Poeti"

2014 – Mention Spéciale au Prix International "Città di Cattolica"

para mis hijos : Yassine y Sami

à mes enfants : Yassine et Sami

Le gardien du phare

El guardián del faro

Abril

Ondean las hojas de palma
como mil abanicos
es brisa de abril
alrededor de la casa
tres plantas de lilas
y una puesta rosada.

La vecina que vive
tras el muro derecho
me pide semillas
de amapolas salvajes
me dice :
He visto en su jardín
aquellas flores estupendas
amarillas anaranjadas.

Se doblan los juncos sinuosos
como danzadoras del vientre
es brisa de abril
delante de la casa
el alhelí y niños
corriendo hacia el columpio.

Avril

Ondoient les feuilles de palmier
comme mille éventails
c'est brise d'avril
autour de la maison
trois plantes de lilas
un coucher rose.

La voisine qui vit
au-delà du mur de droite
m'a demandé
des graines de coquelicot sauvage :
J'ai vu dans votre jardin
ces fleurs jaunes oranges
si merveilleuses !

Fléchissent les bambous sinueux
comme les danseuses du ventre
c'est brise d'avril
devant la maison
le giroflée et les enfants
qui courent vers la balançoire.

El vecino que vive
tras el muro izquierdo
me explica el empleo
de las hierbas medicinales
me pregunta: ¿Qué cultiva este año?

Crujido de ramas
una contra la otra
es brisa de abril
a lo largo del sendero
escaramujos
una mariposa se posa sobre otra
y cierra las alas…

Le voisin qui vit
au-delà du mur de gauche
m'apprend l'usage
des herbes médicinales
me demande : Que cultivez-vous
cette année ?

Bruissement de branches
l'une contre l'autre
c'est brise d'avril
le long du petit chemin
des églantines
un papillon se pose sur un autre
et ferme ses ailes…

A lo largo del sendero

Está adelantada
la primavera
flores del albaricoque
hojas de música
y el destierro de las palabras
en el intrigo del tiempo.

A lo largo del sendero
que anda hasta el portón
aparecen dos matas enormes
de flores rosadas, japonés
como sueños de cuarzo y nieve.

A lo largo del sendero
rozo con los pasos la hiedra
sus hojas siempre verdes
me paro en el aturdimiento
por la belleza de los blancos junquillos
como en sueños de menta y nieve.

Le long du chemin

Il est très à l'avance
le printemps
fleurs d'abricotier
feuilles de musique
et l'exil des mots
dans l'intrigue du temps

Le long du chemin
qui va jusqu'au portail
apparaissent deux énormes buissons
japonais, de fleurs roses
comme un rêve de quartz et neige.

Le long du chemin
j'effleure de mes pas le lierre
ses feuilles toujours vertes
je m'arrête étourdi
pour la beauté des blanches jonquilles
comme un rêve de menthe et neige.

Aurora silenciosa

Aurora silenciosa
que mira de reojo sobre el día
barcos pesqueros
que regresan al puerto
sonrisa del sol
que sube jactansioso
voces de hombres
mujeres sobre el muelle
gestos y palabras
al mercado del pescado.

Aurore silencieuse

Aurore silencieuse
qui regarde de travers le jour
bateaux pêcheurs
revenant au port
sourire du soleil
qui monte prétentieux
voix d'hommes
femmes sur le quai
mots et gestes
du marché aux poissons.

El faro

Sobre un escollo
en el medio del mar
se eleva un faro
lo lamen las olas
lo cantan gaviotas y pelícanos
lo circundan los cielos
lo buscan los humanos.

Le phare

Sur un rocher
au milieu de la mer
s'élève un phare
le caressent les vagues
le chantent les goélands
aussi les pélicans
l'encerclent les cieux
le cherchent les humains.

Desde el faro, una tarde

Me nutro de imagenes
como la gaviota de peces
mientras reflejos de olas
lentamente
se mueven hacia el faro
como ocasos helados
en tardes de invierno
como caracoles
sobre tallos de hierba
como velas entre vientos
ligeras
como pensamientos entre sueños
y quimeras.

Depuis le phare, un soir

Je me nourris d'images
comme les goélands de poissons
pendant que le reflet des vagues
lentement
avance vers le phare
comme des couchers gelés
dans les soirs d'hiver
comme des escargots
sur des fils d'herbe
comme des voiles parmi des vents
légères
comme des pensées entre rêves
et chimères.

El guardián del faro

Ayer te veia, desde mi faro
vela solitaria...
mientras la brisa te empujaba
entre la bruma, más allá del horizonte
que se alejaba
cuando te acercabas...
Hoy, no te veo
percibo
entre el mar y yo
que el silencio es como
el oro...

Le gardien du phare

Hier, je te voyais depuis mon phare
voile solitaire...
pendant que la brise te poussait
parmi les brumes, au-delà de l'horizon
qui s'éloignait
quand tu t'approchais...
aujourd'hui, je ne te vois pas
je perçois
entre la mer et moi
que le silence est comme
de l'or...

El horizonte

Allá abajo
adonde el cielo estrecha alianza
con el mar
hay una linea
sin principio...
sin fin...

L'horizon

Là-bas
où le ciel fait alliance
avec la mer
il y a une ligne
sans début...
sans fin...

El rostro de la luna

Luna de plata
nos mira desde arriba, en lo alto
sus cráteres
son nariz, boca, ojos
de un rostro que jamás envejece.

Le visage de la lune

Lune d'argent
nous regarde, de haut
ses cratères
sont narines, bouche, yeux
d'un visage qui ne vieillit jamais.

Puesta

Vapores de bruma
manchan el cerco del sol
puesta anaranjada que desliza
entre golfos de ámbar y el corazón
del humano.

Soleil couchant

Vapeurs de brume
tachent le cercle du soleil
dans un couchant orangé qui glisse
parmi des golfes d'ambre
et le cœur de l'humain.

Desde la ciudad de Antibes
(Liceo de horticoltura)

Entre mí y el mar
almendros en flor
y las voces de los compañeros
que me traen las palabras.
Entre mí y el mar
cuatro gaviotas que
vuelan a la izquierda
lo que está delante
es el jefe del grupo
el quinto llega solo
un poco retrasado.
Entre mí y el mar
margaritas amarillas
estudiantes y estudiantinas
que se van a las clases.
Entre mí y el mar
un campo de olivos
y nubes un poco bajas
risas y bromas de los amigos
que me llaman con ellos.

Depuis la ville d'Antibes
(Lycée d'horticulture)

entre moi et la mer
des amandiers en fleur
et les voix des copains
qui m'amènent les paroles
entre moi et la mer
quatre goélands qui
volent vers la gauche
celui devant
est le chef du groupe
le cinquième arrive tout seul
un peu en retard
entre moi et la mer
jaunes marguerites
les étudiants
en allant vers les classes
entre moi et la mer
un champ d'oliviers
et nuages un peu bas
rires et blagues des copains
qui m'appellent à eux.

29 agosto 2004

De día
es muy cálido
la tarde
ya casi es septiembre
mientras pasan los amigos
y el ocaso se inclina
a la noche azul
morada, negra.
Tórtolas anidan
en el tilo centenario
en el almez cerca del muro
una copa de champagne rosado
y charlas, bromas
reencuentros, risas.

29 août 2004

Le jour
il fait très chaud
le soir
est déjà septembre
pendant que passent les amis
et le couchant s'incline
devant la nuit bleue
violette, noire.
Les tourterelles font le nid
dans le tilleul centenaire
le micocoulier près du mur
coupe de champagne rosé
bavardages, blagues
rencontres, rires.

El silencio

Hay un silencio de jade
que desliza despacio
entre espejos de luna
arbustos, la noche
y sombras de gatos
persiguiendo las presas.
Perfiles de cedros, de higueras
de kaki
amodorrados en el negro, que negro
no es...
ondear nocturno
lejano
provenzales colinas
brisas de hojas
en selvas de sueños
magia de la noche, que noche
no es...

Le silence

Il y a un silence de jade
qui glisse lentement
entre miroirs de lune
arbustes, nuit
et ombres de chats
poursuivant leurs proies
profils de cèdres, de figuiers
de kaki
assoupis dans le noir, que noir
il n'est pas…
ondoiement nocturne
lointain
collines de Provence
brise de feuilles
dans des forêts de rêves
magie de la nuit, que nuit
elle n'est pas…

Octubre 2003

Sentado en las gradas cerca
del lavadero en desuso
contemplo
las raíces de la antigua higuera
que enormes y torcidas
sobresalen desde la tierra
como en imágenes de cuentos de hadas.
Los gorriones en alegría
cantan todavía
canciones de verano
la mano que sostiene el mentón
codo apoyado
sobre el pequeño muro de piedras
y la hiedra nueva que se introduce
entre las hendiduras.

Octobre 2003

Assis sur les marches
près du lavoir à l'abandon
je contemple
les racines du vieux figuier
qui, énormes et tordues
émergent de la terre
comme images dans les livres de fées
les moineaux en allégresse
disent encore
des chansons d'été
la main qui soutient le menton
coude appuyé
sur le muret de pierres
le nouveau lierre qui s'introduit
dans les fissures.

Vi un árbol

Vi un árbol
arrobar el tiempo
y crecer rápido
alto como el muro.

Vi un árbol
perder el tiempo
y morir
como sólo los árboles
saben hacer.

Vi un árbol
acoger el viento
y ofrecer como jergón
su cabellera.

A caso
encontré a otro
me ofreció su sombra
por largas horas me paré a
contemplarlo.

Soñé
por toda la noche
ser árbol
un cedro del Atlas
y estuve feliz
muy feliz.

J'ai vu un arbre

J'ai vu un arbre
voler le temps
et croître rapide
haut comme le mur.

J'ai vu un arbre
perdre du temps
et mourir
comme seuls les arbres
savent le faire.

J'ai vu un arbre
accueillir le vent
et offrir comme couche
sa chevelure.

Par hasard
j'en ai rencontré un autre
il m'a offert son ombre
pendant des heures je me suis arrêté
pour le contempler.

J'ai rêvé
toute la nuit
d'être un arbre
un cèdre de l'Atlas
j'étais heureux
très heureux.

Hacia Ventimiglia

Bajo el puente
pasan el tren y mis reflexiones
los paisajes huyen en sentido contrario
a veces
las reflexiones también
sólo el mar se queda
imperturbable
en su eternidad de olas.
Pienso en encuentros
poetas, pintores
amigos
en palabras que circulan
revolotean
como mariposas multicolores
y de nuevo el mar
mi mar que no es mi mar
reaparece subiendo de una galería
manchado de vida, de ideas
de poesía.

Vers Vintimille

Sous le pont
passent le train et mes réflexions
les paysages fuient en sens contraire
parfois
les réflexions aussi
seulement la mer
reste
imperturbable
dans son éternité de vagues
je pense aux rencontres
poètes, peintres
amis
aux paroles qui circulent
voltigent
comme papillons multicolores
et à nouveau la mer
ma mer qui n'est pas ma mer
réapparaît en sortant d'une galerie
tachée de vie, d'idées
de poésie.

Poésies depuis la ville de Menton

Poesías desde la ciudad de Menton

I

El mar yace calmado
lo admiro desde aquí, arriba
desde las montañas
sólo una pequeña barca
deslizando sobre las aguas
me atraviesa la mirada.

I

La mer est allongée, calme
je l'admire d'ici
depuis les montagnes
seule une petite barque
en glissant sur les eaux
me traverse le regard.

II

Silenciosas
verdes montañas
en débil desteñida puesta
y veo entre las plantas suculentas
que se va durmiendo el mar.

II

Silencieuses
vertes montagnes
dans un faible couchant décoloré
et je vois parmi les plantes grasses
que s'endort la mer.

III

En la oscuridad de la noche
se esconde el mar
mudo
nubes blancas cargadas de lluvia
que no cae
y los ojos se cierran
buscando el sueño.

III

Dans l'obscurité de la nuit
se cache la mer
muette
nuages blancs chargés de pluie
qui ne tombe pas
les yeux se ferment
à la recherche du rêve.

IV

Magnolia rosada, que olea
a caramelo
arbolecidos de tuya y ciprés
me protegen del fuego, del sol
voces de niños risueños
detrás de mi espalda
un libro abierto sobre la mesa
leo poemas de Nizar Kabbani
y de vez en cuando
vigilo el mar.

IV

Magnolia rose, qui sent
le bonbon
arbrisseaux de thuya et cyprès
me protégent du feu du soleil
voix d'enfants qui rigolent
derrière moi
un livre ouvert sur la table
je lis les poèmes de Nizar Kabbani
et de temps en temps
je surveille la mer.

V

Gaviotas se persiguen
entre los árboles agarrados
a la montaña
rebuznar de burro, creo
que llega desde la casa
del vecino campesino
un gallo insiste en cantar
su estado
los primeros barcos de la mañana
trazan rasgos blancos
sobre un mar de ópalo y zafiro.

V

Les goélands se poursuivent
parmi les arbres accrochés
à la montagne
appels d'âne, je crois
qu'ils viennent de la maison
du fermier voisin
un coq persiste à chanter
son statut
les premiers bateaux du matin
tracent des rayures blanches
sur une mer de saphir et d'opale.

VI

Despertar lento y cansado
el aroma del café
me reconcilia con la vida
desde la terraza
miro sobre un ruido de motocicleta
que se aleja hacia el valle
miro sobre el eco de un martillo
hacia una casa en construcción
miro sobre charlar de cigarras
escondidas quien sabe donde…

VI

Réveil lent, fatigué
l'arôme du café
me réconcilie avec la vie
depuis la terrasse
je regarde
vers le bruit d'une motocyclette
qui s'éloigne vers la vallée
je regarde
vers l'écho d'un marteau
d'une maison en construction
je regarde
vers le bavardage des cigales
cachées on ne sait pas où…

VII

La vida es
misteriosa y bella
alquimia de oxymoron
siempre en lucha
me estallan las ideas
diamantes, astros, capullos
de rosa.
¿quién sabe lo que me llevará
el futuro?

VII

La vie est, mystérieuse et belle
alchimie d'oxymores
toujours en lutte
éclatent en moi les idées
diamants, astres, bourgeons
de rose.
qui sait que m'amènera
le futur ?

VIII

Busco la inspiración
en el lapso de tiempo
que me queda
antes de salir
de bajar en el valle.
Cinco luces
una casa grande
engarzada en la montaña
sonido de campanilla
ladrar de perros
vigilantes las estrellas
falta un gajo
y la luna será llena
más alto
tres luces
una casa pequeña
solitaria, cerca de la cima
más abajo
tres luces
otra casa pequeña
apoyada sobre la espalda del monte
acurrucada entre dos paisajes.

VIII

Je cherche l'inspiration
dans le laps de temps
qui me reste
avant de partir
de descendre vers la vallée
cinq lumières
une grande maison
enchâssée dans la montagne
le son d'une clochette
aboiement de chiens
qui veillent les étoiles
il manque une petite tranche
et la lune sera pleine
plus haut
une petite maison
solitaire
trois lumières
une autre petite maison
appuyée sur le dos du mont
perchée entre deux paysages.

Busco la inspiración
en el lapso de tiempo
que me queda
antes de salir
de bajar en el valle
llevo de nuevo la mirada
hacia el mar
la busco
en el horizonte
que en la noche se confunde.

Je cherche l'inspiration
dans le laps de temps
qui me reste
avant de partir
de descendre vers la vallée
à nouveau je porte
le regard vers la mer
je la cherche dans l'horizon
qui à la nuit se confond.

D'autres poésies depuis la ville de Menton

Otras poesías desde la ciudad de Menton

I

Entre los pinos
el paisaje me enamora
me pacifica, me devuelve
mi alma
me tiende la mano.
Apoyado en el paisaje
descanso
quisiera ser albatros
y buscar volando una gaviotica
que me acompañe entre cielos y mares.

I

Parmi les pins
le paysage me captive
me pacifie, me ramène
l'âme
me tend la main.
Appuyé au paysage
je repose
je voudrais être albatros
et voler en quête d'une petite mouette
qui m'accompagne entre cieux et mers.

II

Me fascina este gris excesivo
en el mar, en el cielo
el horizonte
casi desmaya en el medio
y así las dos mujeres de espalda
sentadas en el asiento de madera
mirando delante inmóviles
embriagadas
hacen parte de este nuevo paisaje
parecen pintadas en la obra del mundo.

II

Me fascine ce gris excessif
dans la mer, dans le ciel
l'horizon
presque s'évanouit au milieu
ainsi les deux femmes de dos
assises sur le banc de bois
regardent devant, immobiles
enivrées
elles font partie de ce nouveau paysage
semblent peintes dans l'œuvre du monde.

III

Cambié de mirador
aqui, en el alto de la montaña
observo el mar crepuscular
las olas fijas esperando
otro día que se apaga
la luz discute con la obscuridad
está hesitación
¡qué lástima que se termine el día!
¡qué bueno que cae la noche!
momento suave, maravilloso
donde el tiempo
no es el único dueño.

III

J'ai changé d'observatoire
ici, plus haut dans la montagne
j'observe la mer crépusculaire
les vagues fixes dans l'attente
d'un autre jour qui termine
la lumière discute avec l'obscurité
il y a hésitation
quel dommage, le jour s'éteint !
quelle bonne chose, la nuit tombe !
doux moment, merveilleux
où le temps
n'est pas le seul maître.

IV

Quisiera describir
los colores del mar
que cambian con amor
siguiendo la luz
pero me distrae
el mundo verde de los árboles.
Quisiera describir
la tinta de este vin rosado
levantando la copa arriba
y me distrae
la luz de este cielo-mago.

IV

J'aimerais décrire
les couleurs de la mer
qui changent avec amour
selon la lumière
et me distrait
le monde vert des arbres.
J'aimerais décrire
la teinte de ce vin rosé
en levant la coupe vers le haut
et me distrait
la lumière de ce ciel magicien.

V

Me encanta mirar las palmas
que se despeinan en el viento
me alivia
como una caricia sobre el corazón.

V

J'adore regarder les palmiers
qui se décoiffent au vent
me soulage
comme une caresse sur le cœur.

VI

En el balcón
sólo cinco geranios
y un hibisco dormiendo
rojo
como la sangre
esperando que otras flores se entreabran
adelantando hacia la primavera.

VI

Sur le balcon
seulement cinq géraniums
et un hibiscus endormi
rouge
comme le sang
en attendant que s'entrouvrent
d'autres fleurs
pour avancer vers le printemps.

VII

Desde la ventana
bebo la luna
que bebe el mar
que me bebe a mí.

VII

Depuis la fenêtre
je bois la lune
qui boit la mer
qui me boit.

Índice

El guardián del faro

Abril
A lo largo del sendero
Aurora silenciosa
El faro
Desde el faro, una tarde
El guardián del faro
El horizonte
El rostro de la luna
Puesta
Desde la ciudad de Antibes
29 agosto 2004
El silencio
Octubre 2003
He visto un árbol
Hacia Ventimiglia

Index

Le gardien du phare

Avril
Le long du chemin
Aurore silencieuse
Le phare
Depuis le phare, un soir
Le gardien du phare
L'horizon
Le visage de la lune
Soleil couchant
Depuis la ville d'Antibes
29 août 2004
Le silence
Octobre 2003
J'ai vu un arbre
Vers Vintimille

Poesías desde la ciudad de Mentón

I
II
III
IV
V
VI
VII
VIII

Otras poesías desde la ciudad de Mentón

I
II
III
IV
V
VI
VII

Poésies depuis la ville de Menton

I
II
III
IV
V
VI
VII
VIII

D'autres poésies depuis la ville de Menton

I
II
III
IV
V
VI
VII